PIANO
Adventures® *de Nancy y Randall Faber*

EL MÉTODO BÁSICO PARA PIANO

Este libro pertenece a: —————————————————————

Traducido y editado por Isabel Otero Bowen
y Ana Cristina González Correa

Coordinador de producción: Jon Ophoff
Portada e ilustraciones: Terpstra Design, San Francisco
Grabado y tipografía: Dovetree Productions, Inc.

ISBN 978-1-61677-658-9

ÍNDICE

Haz un seguimiento de tu progreso: colorea o
pega una estrella al lado de cada pieza o ejercicio.

Estos cuatro "secretos técnicos" se pueden utilizar diariamente, como un calentamiento para las piezas y ejercicios de este libro. Los "secretos" se deben aprender gradualmente. Aparecen en los marcos de color melocotón a lo largo del libro. Para mayor facilidad, el **Libro de lecciones y teoría** también muestra las correlaciones con el **Libro de técnica e interpretación** mediante el siguiente ícono: ☞

El profesor debe demostrar cada secreto técnico al introducirlo.

Cuatro secretos técnicos

La palabra **técnica** significa habilidad. Estos secretos técnicos te ayudarán a tocar las piezas con mayor facilidad.

1. **El primer secreto es LA POSICIÓN REDONDA DE LA MANO.**

La curvatura de la mano

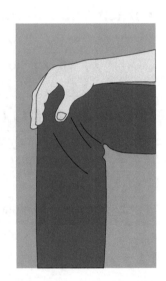

- Pon la **mano derecha** sobre la rodilla.

- Mantén esta "forma" de la mano y ponla l-e-n-t-a-m-e-n-t-e sobre el teclado.

- Haz lo mismo con la **mano izquierda**. Ahora inténtalo con ambas manos.

2. **El segundo secreto es tener UNA MUÑECA RELAJADA.**

Eleva la muñeca

(sobre la tapa cerrada del piano)

- Pon las manos en una posición redonda.

- Imagina que un globo, atado a una cuerda, está halando lentamente tu muñeca hacia arriba. Deja que la muñeca se eleve l-e-n-t-a-m-e-n-t-e, hasta que solamente la **punta del dedo 3** esté tocando la superficie.*

- Ahora regresa suavemente a la posición redonda de la mano sobre la tapa cerrada del piano.

- **"Eleva la muñeca" 2 veces con la mano derecha y luego con la izquierda.** Inténtalo con ambas manos.

*__Nota para el profesor:__ es importante mantener los hombros relajados, sin subirlos.

Nota para el profesor: el siguiente secreto sirve para enseñar *staccato*, al dejar que la mano rebote ligeramente desde la muñeca. Hay que insistirle al alumno en relajarse mientras "picotea", para no tensionar el antebrazo.

3. El tercer secreto es UN REBOTE LIGERO DE LA MANO.

El picoteo del pájaro carpintero

(sobre la tapa cerrada del piano)

- Pon la **mano derecha** en una posición redonda.

- "Recuesta" el pulgar sobre el *lado de la uña* para que la muñeca no se hunda.

- Toca el siguiente ritmo suavemente, con las puntas de todos los dedos al mismo tiempo.

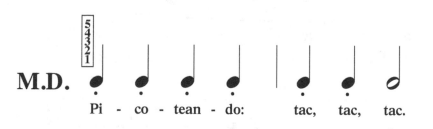

M.D. Pi - co - tean - do: tac, tac, tac.

- Repite *El picoteo del pájaro carpintero* con la **mano izquierda** y luego con ambas manos.

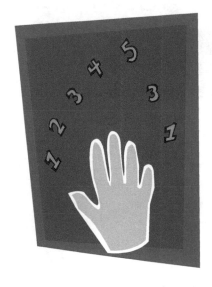

4. El cuarto secreto es LA INDEPENDENCIA DE LOS DEDOS.

Toca silenciosamente

(sobre la tapa cerrada del piano)

- Toca silenciosamente el siguiente **patrón de digitación.** No te olvides de mantener la posición redonda de la mano.

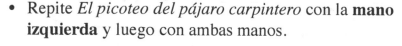

Di: **1 - 2 - 3 - 4 - 5 - 3 - 1**
└──── patrón de digitación ────┘

- Toca con la **mano derecha (M.D.).**

- Toca con la **mano izquierda (M.I.).**

- Toca con **ambas manos.**

Lecciones y teoría, página 17 (Conejito saltarín), página 32 (El avioncito de papel)

Legato: un sonido uniforme y conectado, sin interrupciones entre las notas.
Cuando tocas *LEGATO*, un dedo baja mientras el otro se eleva.

Secreto técnico:
La posición redonda de la mano (página 4)

Calentamiento: *La curvatura de la mano.*

Remando en canoa
(Pasos en *legato* para la M.D.)

Moderado

¿**1** *en*?   *(No te olvides de tocar con el pulgar recostado sobre el **lado de la uña**).*

Voy re - man-do en mi ca - no - a   por el rí - o,

voy a des - li - zar - me en el   a - gua, sua - ve - men-te has-ta lle - gar.

Remando en kayak
(Pasos en *legato* para la M.I.)

Moderado

Voy re - man - do en mi ka - yak   por el rí - o,

voy a des - li - zar - me en el   a - gua, sua - ve - men-te has-ta lle - gar.

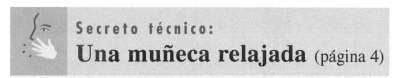

Secreto técnico:
Una muñeca relajada (página 4)

Calentamiento: *Eleva la muñeca.*

Toca este **PATRÓN DE SALTOS** 3 veces,
subiendo cada vez más por el teclado.

- Para *subir* por el teclado, "eleva la muñeca"
  al final de cada línea.

Sube la rueda
(para la M.D.)

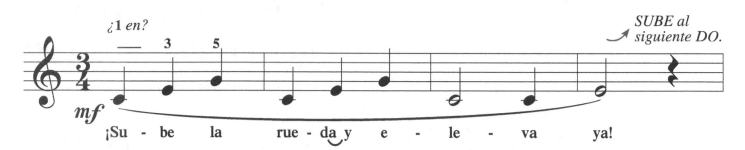

¡Su - be la rue - da y e - le - va ya!

¡Su - be la rue - da y e - le - va ya! ¡Sigue!

Repite el patrón de nuevo 1 octava más alto.

Toca este **PATRÓN DE SALTOS** 3 veces,
bajando cada vez más por el teclado.

- Para *bajar* por el teclado, "eleva la muñeca"
  al final de cada línea.

Baja la rueda
(para la M.I.)

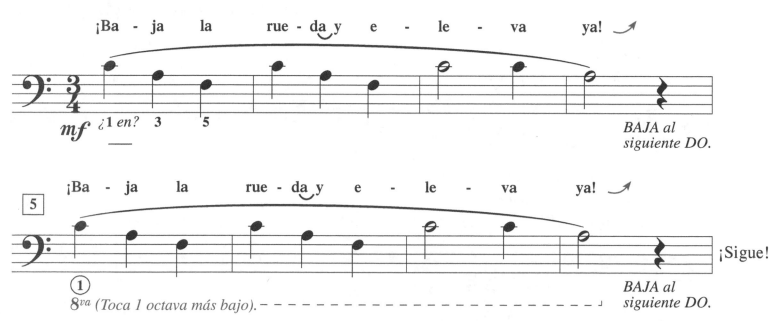

¡Ba - ja la rue - da y e - le - va ya!

¡Ba - ja la rue - da y e - le - va ya! ¡Sigue!

Repite el patrón de nuevo 1 octava más bajo.

Staccato: separar las notas para crear sonidos cortos y nítidos.

Para tocar *staccato*, rebota ligeramente desde la muñeca. ¡Mantén los dedos cerca de las teclas!

Secreto técnico:
Un rebote ligero de la mano (página 5)

Calentamiento: *El picoteo del pájaro carpintero.*

La primera carrera de los conejitos saltarines

(Para la M.D.)

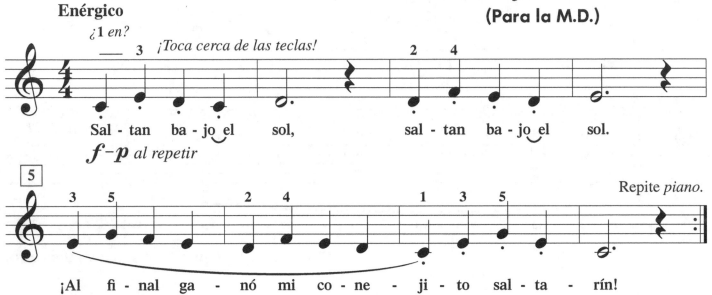

Sal - tan ba - jo el sol, sal - tan ba - jo el sol.

¡Al fi - nal ga - nó mi co - ne - ji - to sal - ta - rín!

La segunda carrera de los conejitos saltarines

(Para la M.I.)

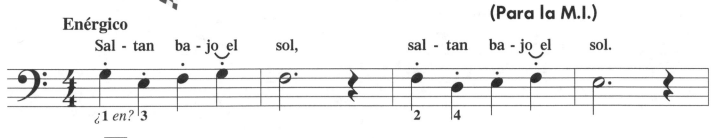

Sal - tan ba - jo el sol, sal - tan ba - jo el sol.

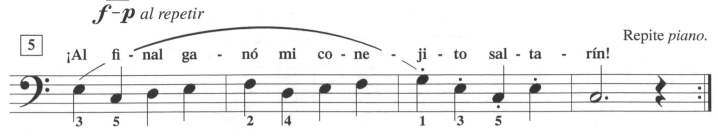

¡Al fi - nal ga - nó mi co - ne - ji - to sal - ta - rín!

Un **estudio** es una pieza para practicar una habilidad específica.

En este estudio practicas cómo **mantener hundida una nota con la M.I.** mientras la M.D. toca *staccato*.

El ratoncito busca el queso

Rápido, con picardía

¿3 en?

¿2 en? ___

5

9

Toca la primera línea una vez más para terminar la pieza.

cada vez más fuerte

Acompañamiento para el profesor (el alumno toca *1 octava más alto*):

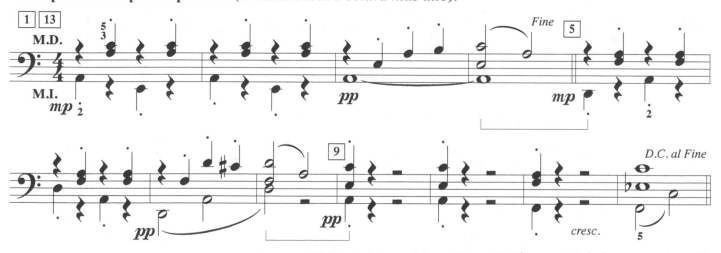

M.D.

M.I.

Fine

D.C. al Fine

cresc.

Lecciones y teoría, página 18 (El ratoncito de la casa embrujada)

9

Secreto técnico:

La independencia de los dedos (página 5)

Toca silenciosamente el siguiente patrón con la M.D.:

2 - 3 - 4 - 2 - 3 - 4 - 5 <u>sostener</u>

- Primero toca **f**, luego **mf** y finalmente **p**.

Juego de digitación #1
Escala de DO de 5 dedos – M.D.

Louis Köhler
(1820-1886, Alemania)
Op. 300

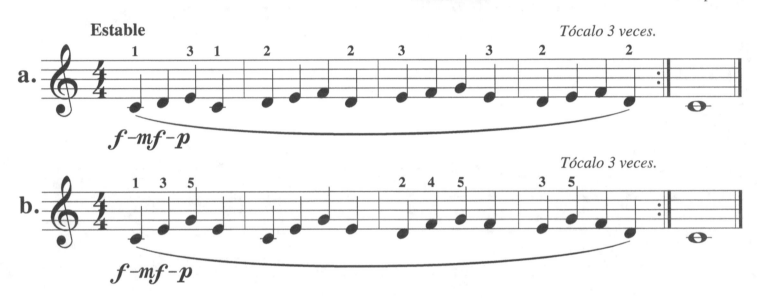

Secreto técnico:

La independencia de los dedos (página 5)

Toca silenciosamente el siguiente patrón con la M.I.:

5 - 4 - 3 - 5 - 4 - 3 - 2 <u>sostener</u>

Juego de digitación #2
Escala de DO de 5 dedos – M.I.

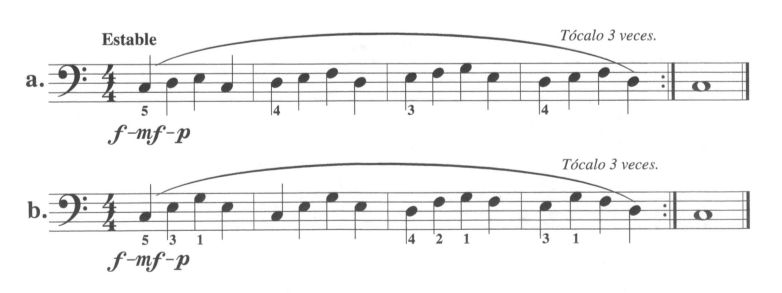

- Toca con una mano a la vez. Observa los **pasos** y **saltos**.
- Luego toca con ambas manos. Escucha y trata de lograr un *legato* delicado.

Estudio de *legato*

Carl Czerny
(1791-1857, Austria)
Op. 599

Lento, con delicadeza

Estudio de *legato* y *staccato*

- Escucha y trata de lograr un *legato* delicado y *staccatos* nítidos.

Ferdinand Beyer
(1803-1863, Alemania)
Op. 101

Moderado

Lecciones y teoría, página 20 (Danza clásica)   11

Un buen pianista toca con expresión y sentimiento.

- Escucha cómo tu profesor toca *El potro salvaje*. ¿Te parece que la música logra expresar un cierto estado de ánimo o crear una **"imagen sonora"**?

- ¿Puedes crear TÚ una imagen sonora al practicar *El potro salvaje*?

  1. ¿Podrían los sonidos *staccato* representar las herraduras de un caballo que corre velozmente?
  2. En la sección *legato*, ¿puedes imaginarte al caballo subiendo y bajando por las colinas?
  3. Al final de la pieza, ¿te parece que el caballo desaparece en la oscuridad?

El potro salvaje

N. Faber

Lecciones y teoría, página 21 (El cazador)

con un sonido lleno, profundo

5

El po - tro sal - va - je por la no - che va a tro - tar.
¿Ha - cia dón - de va el po - tri - llo, ¿dón - de va a pa - rar?

f

9

con un sonido lleno, profundo   *Repite desde el compás 5.*

Las co - li - nas va ba - jan - do en la os - cu - ri - dad.
Ga - lo - pan - do quie - re re - gre - sar a su ho - gar.

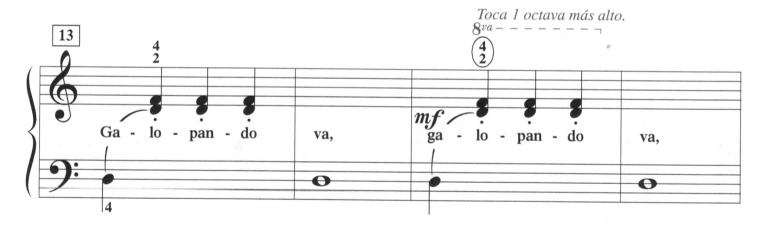

Toca 1 octava más alto.
8va – – – – – – – –

13

Ga - lo - pan - do va, ga - lo - pan - do va,

mf

como está escrito

17

ga - lo - pan - do, ga - lo - pan - do va._____

p

DESCUBRIMIENTO

Encierra en un círculo el **signo de compás**. ¿Sabes qué significa?

La posición redonda de la mano (página 4)

Calentamiento: *La curvatura de la mano*.

- Imagina que cada nota es una gota de lluvia haciendo "plic" sobre la nave espacial.

- Usa un *staccato* claro y ligero.

- ¿En esta pieza se usan **pasos** o **saltos**?

No llueve en el espacio

Salpicando con alegría

Plic, plic, plic, plic, plic, plic, ¡lis - to pa - ra

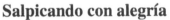

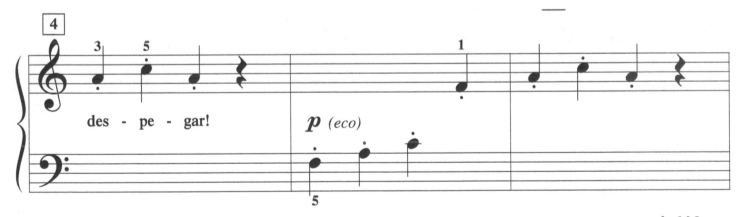

des - pe - gar! *p (eco)*

¡Al - to en el es - pa - cio, es - ta llu - via ce - sa - rá!

cada vez más fuerte

cruza la M.I.

Este estudio te ayudará a practicar cómo **elevar la muñeca**, con el hermoso sonido que produce el pedal.

- Sostén con el pulgar el **dedo 3 de la M.D.**, para lograr una posición redonda de la mano.

- Imagina que tu mano derecha es el ala de un águila que se deja llevar por las corrientes de aire.

Presiona el pedal derecho (de resonancia) durante toda la pieza.

El águila

Toca 1 octava más alto.

Moderado

Piensa: "eleva la muñeca".

cruza la M.I.

cada vez más lento

¿Podrías tocar este estudio comenzando un paso más *alto* (en SOL)?

• ¿Puedes mantener el tictac del reloj en un pulso estable?

La tienda de relojes

Moderado

¿3 en? ___

mp

Mu - chos re - lo - jes al tiem - po re - so - na an - do,

¿1 en? ___
¿5 en? ___

gran - des y chi - cos, el tiem - po van mar - can - do.

Acompañamiento para el profesor (el alumno toca *1 octava más alto*):

M.D.

p M.I.

mf

p – mf al repetir

Lecciones y teoría, página 27 (Vamos a la mar)

9 Dan la ho - ra con mu - cha pre - ci - sión.

f

13 ¡Con un pul - so fir - me can - tan su can - ción! Hay

17 *mp* mu - chos re - lo - jes al tiem - po re - so - na an - do,

21 *f* gran - des y chi - cos, el tiem - po van mar - can - do.

DESCUBRIMIENTO ¿Los *compases 1–8* se repiten más adelante en la pieza?
¿Puedes encontrar dónde? Muéstrale a tu profesor.

Secreto técnico:

La independencia de los dedos (página 5)

Toca silenciosamente el siguiente patrón, primero con una sola mano y luego con ambas.

1 - 3 - 2 - 4 - 3 sostener **5** sostener

El vuelo del avioncito de papel

Un pianista con buena técnica **PREPARA** la siguiente posición de la mano.

• Mueve una mano a la siguiente posición mientras la otra sigue tocando.

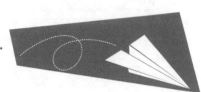

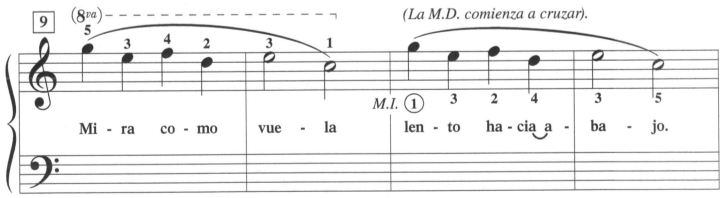

🔖Lecciones y teoría, página 32 (El avioncito de papel)

En este estudio, imagina que tus manos son dos pájaros que cantan juntos.

- Primero toca con **una mano** a la vez.

- Luego toca con **ambas manos**. Observa cómo las manos suben y bajan al *mismo* tiempo.

Dos pájaros cantores

Ferdinand Beyer
(1803-1863, Alemania)
Op. 101

Yo soy un gran músico

Brillante y vigoroso

Tradicional
adaptación

Toca la M.I. 1 octava más BAJO siempre.

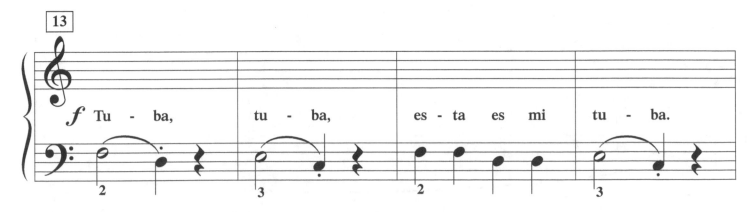

Repite cada vez más suave a medida que se alejan los músicos.

DESCUBRIMIENTO Toca la pieza con la M.D. 1 octava MÁS ALTO.
¡La flauta sonará como un flautín!

Secreto técnico:
Un rebote ligero de la mano (página 5)

- Escribe tu propio ritmo en $\frac{4}{4}$ usando *staccatos*.

- Haz *El picoteo del pájaro carpintero* con el ritmo
que escribiste.

- Los cascos del caballo suenan por el camino empedrado.
Intenta imitarlos en el piano.

Los cascos del caballo
(para la M.D.)

Rápido

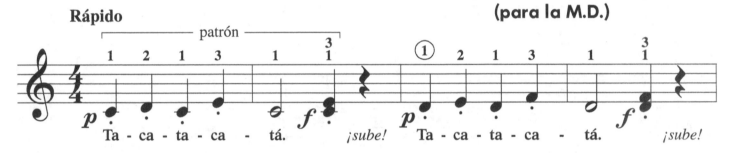

Ta - ca - ta - ca - tá. ¡sube! Ta - ca - ta - ca - tá. ¡sube!

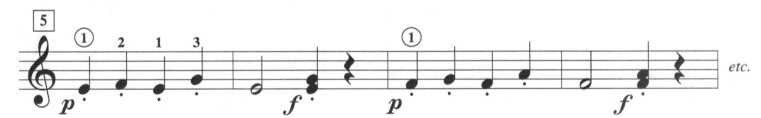

etc.

Sigue tocando, empezando el patrón en SOL, LA, SI y DO.

Los cascos del caballo
(para la M.I.)

Rápido

Ta - ca - ta - ca - tá. ¡baja! Ta - ca - ta - ca - tá. ¡baja!

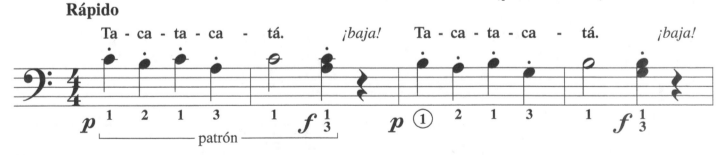

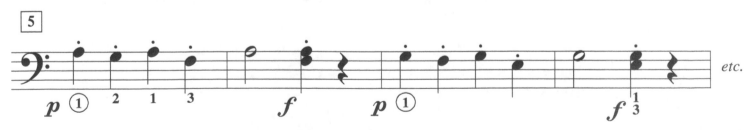

etc.

Sigue tocando, empezando el patrón en FA, MI, RE y DO.

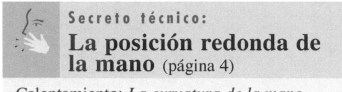

Intervalos mezclados
(para la M.D.)

Muy rápido

patrón de 4 compases

¡sube!

Piensa: "tercera,   cuarta,   tercera,   cuarta".

¡sube!

etc.

Sigue tocando, empezando el patrón en MI, FA, SOL, LA, SI y DO.

• Este es un patrón similar para la mano izquierda.

Intervalos mezclados
(para la M.I.)

Muy rápido

Piensa: "tercera,   cuarta,   tercera,   cuarta".

¡baja!

¡baja!

etc.

Sigue tocando, empezando el patrón en LA, SOL, FA, MI, RE y DO.

Lecciones y teoría, páginas 42-43 (Una canción confusa)

Secreto técnico:
La independencia de los dedos (página 5)

Toca silenciosamente el siguiente patrón, primero con una sola mano y luego con ambas.

1 - 3 - 2 - 5 - 3 <u>sostener</u>

Fíjate que la mano izquierda toca un patrón de **dos notas**: DO y SI.

- Encierra en un círculo el lugar donde el patrón cambia a una nota *nueva*: SOL.

Una marcha alegre

Cornelius Gurlitt
(1820–1901, Alemania)
Op. 117, No. 1, adaptación

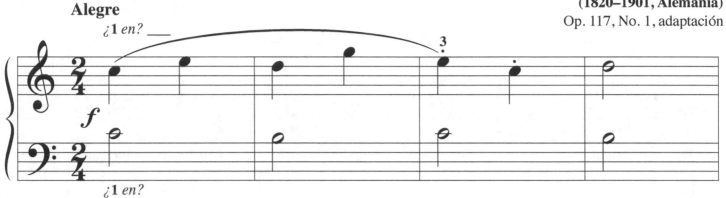

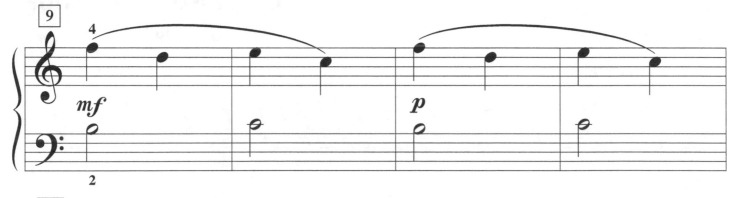

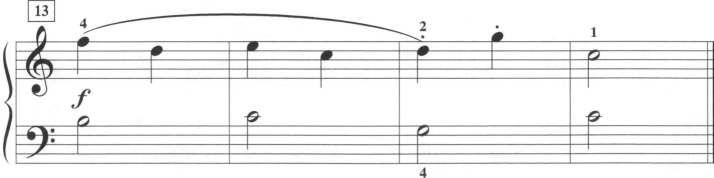

Lecciones y teoría, página 47 (Mi conejito)

Secreto técnico:
Una muñeca relajada

Calentamiento: *Eleva la muñeca* (página 4).

Pintura al pastel

Presiona el pedal derecho (de resonancia) durante toda la pieza.

Con delicadeza

Mis lápices están listos.

Comienzo a pintar… *colores morados y rosados.*

Los mezclo con tonos de azul claro.

Cuando termine mi pintura, la pondré al lado de la ventana.

Acompañamiento para el profesor (el alumno toca *1 octava más alto*):

Lecciones y teoría, página 48 (La selva tropical)

Los diferentes **MATICES** (*p*, *mp*, *mf*, *f*) vuelven la música más interesante.

En esta pieza, **tú puedes escoger los matices**.

- Primero lee la letra y toca la música.

- Luego escribe los matices en los cuadros.

- Ahora toca la pieza y disfruta de tu propia versión de *La leyenda del búfalo*.

La leyenda del búfalo

N. Faber

Vivaz

Una manada de búfalos corre y hace temblar la tierra.

El sonido hace eco en las colinas.

Acompañamiento para el profesor (el profesor debe seguir los matices que escoja el alumno):

Lecciones y teoría, página 49 (Una vez hubo un juez)

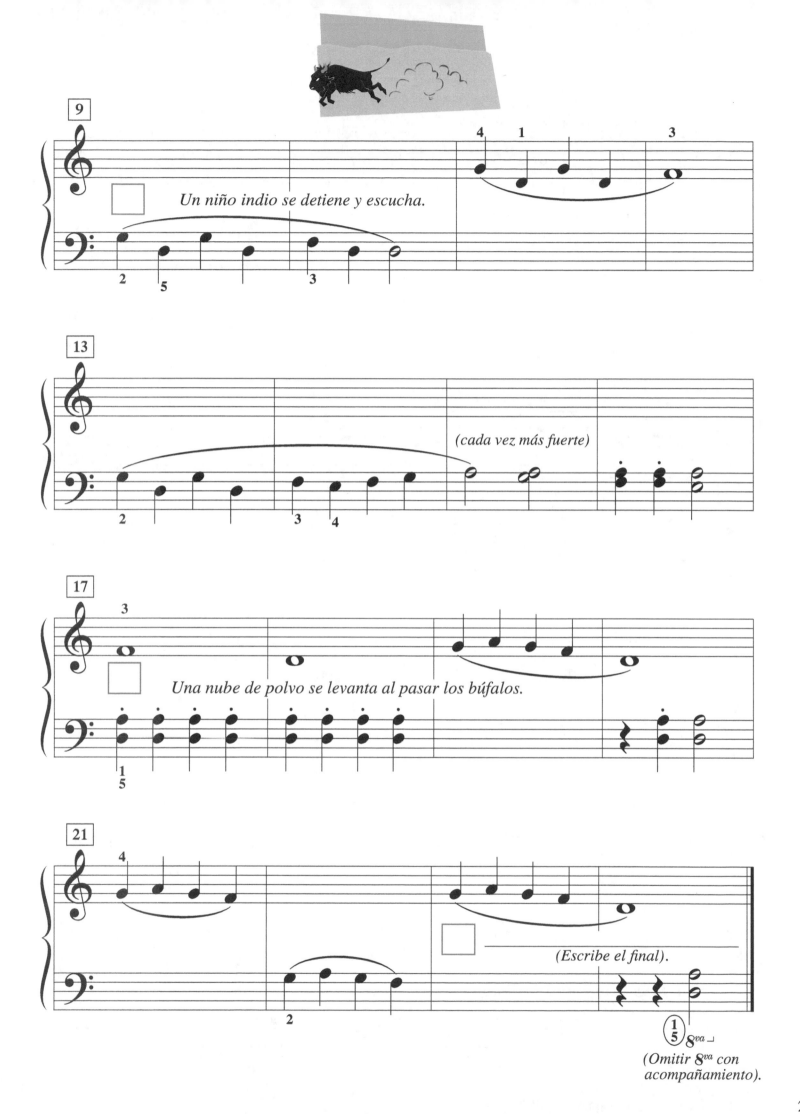

Un niño indio se detiene y escucha.

(cada vez más fuerte)

Una nube de polvo se levanta al pasar los búfalos.

(Escribe el final).

(Omitir 8va con acompañamiento).

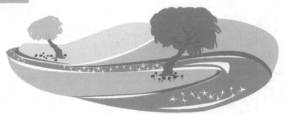

• Primero, toca la pieza sobre **la tapa cerrada del piano**. Pista: ambas manos usan la *misma digitación*.

Saltos en el río

Escala de DO de 5 dedos

📖 Lecciones y teoría, páginas 52-53 (El canto de la selva)

"Programa" tus manos para tocar cada patrón musical,
¡incluso en la oscuridad!

- Primero, memoriza el patrón y tócalo mirando las manos.

- Luego, tócalo mirando **hacia el frente**, SIN mirar las manos. ¿Puedes tocar el patrón en "piloto automático?"

Un robot en la oscuridad
(para la M.D.)

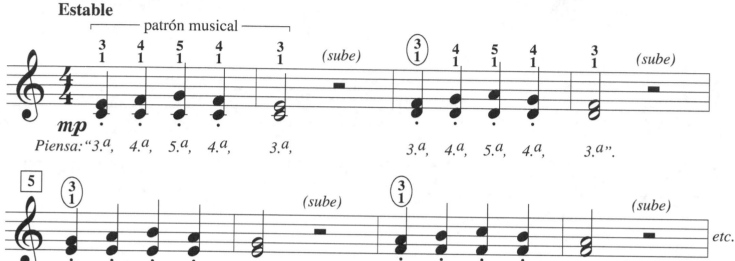

Sigue tocando, empezando el patrón en SOL, LA, SI y DO.

Un robot en la oscuridad
(para la M.I.)

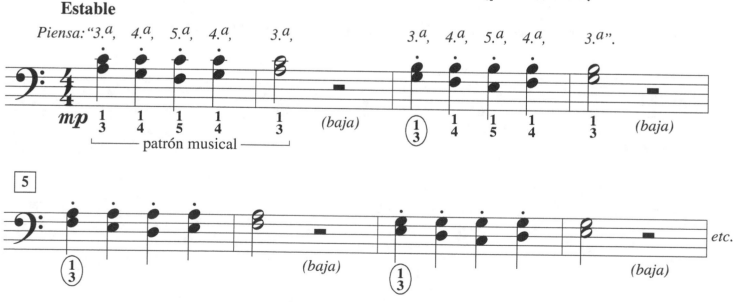

Sigue tocando, empezando el patrón en FA, MI, RE y DO.

Lecciones y teoría, página 54 (Noche sin luna)

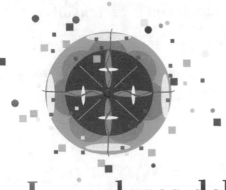

¿Alguna vez has mirado por un caleidoscopio?
Si lo haces, verás muchos colores hermosos.

En la música, si tocas los **matices** puedes crear
"colores musicales".

- Crea colores musicales observando con cuidado los matices.

- Nombra los **intervalos** (2.ª, 3.ª, 4.ª o 5.ª) antes de tocar.

Presiona el pedal derecho (de resonancia) durante toda la pieza.

Los colores del caleidoscopio

N. Faber

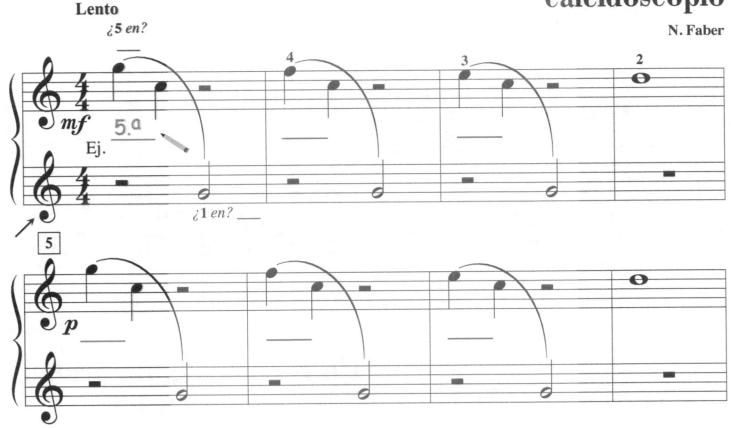

Acompañamiento para el profesor (el profesor presiona el pedal durante el dueto):

DESCUBRIMIENTO

Usa tu imaginación y escoge un color para cada matiz.

p _____   mp _____   mf _____   f _____

 # ♭

 **Secreto técnico:**
Una muñeca relajada (página 4)

Calentamiento: *Eleva la muñeca.*

- Cuando pasas de una **tecla blanca** a una **tecla negra**, deja que la mano se mueva hacia adelante (hacia el piano).

- Mientras tus dedos "caminan" para subir a las teclas negras, tu muñeca se elevará *ligeramente*.

Toca con la M.I.   su - bo

Toca con la M.D.   su - bo

Destellos mágicos

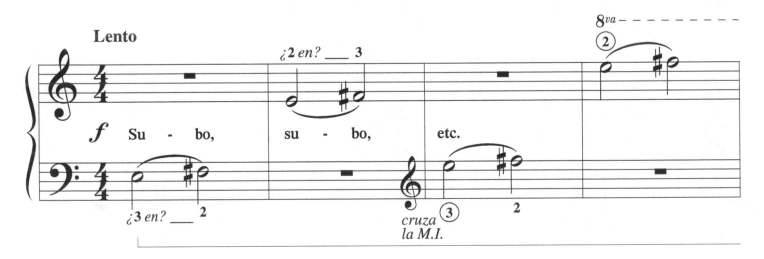

Lento

f Su - bo,   su - bo,   etc.

¿2 en? ___ 3

¿3 en? ___ 2

cruza la M.I.

5 (8*va*)

p (*Los destellos caen lentamente*).

cruza la M.D.

 RETO
Puedes explorar con tu profesor nuevas **escalas de 5 dedos** con *sostenidos (y bemoles)*, en la página 54.

En este estudio practicas **semitonos** rápidos en el teclado.
¿Qué tan rápido puede moverse tu payaso?

El payaso

N. Faber

Rápido, con picardía

Cuan-do el cir - co   fui a ver,   al pa - ya - so   vi ca - er.

(prepara la M.I.)   ¿1 en? ___

¡sube!

¡Es muy tor - pe,   muy gra - cio - so,   y por e - so   me re - í!
cada vez más fuerte

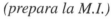

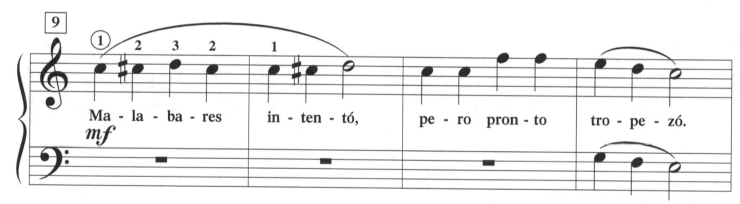

Ma - la - ba - res   in - ten - tó,   pe - ro pron - to   tro - pe - zó.

Es muy tor - pe,   muy gra - cio - so,   me re - í a - sí.   ¡Ja!

(prepara la M.I.)

DESCUBRIMIENTO ¿En qué sistema la M.D. toca solo **semitonos**?
En el sistema _____

¡Toca el DO MÁS GRAVE! ③

Dos pequeñas marchas

Un desfile bajo el sol

Daniel Gottlob Türk
(1750-1813, Alemania)

DESCUBRIMIENTO En los espacios en blanco, escribe el nombre de cada intervalo: **2.ª**, **3.ª**, **4.ª** o **5.ª**.

Acompañamiento para el profesor (el alumno toca *1 octava más alto*): **(acompañamiento de los autores)**

- ¡Fíjate cómo el bemol transforma el día soleado en un día lluvioso!

Un desfile **bajo la lluvia**

Lento

DESCUBRIMIENTO

Ahora crea una pieza más larga con un final feliz: toca *Un desfile **bajo el sol**,* *Un desfile bajo la lluvia* y luego repite *Un desfile bajo el sol*, para que el astro vuelva a salir.

Acompañamiento para el profesor (el alumno toca *1 octava más alto*):

Lecciones y teoría, página 61 (El superagente secreto)   35

En esta pieza se usan principalmente notas de **tónica** y **dominante**.

• Pista: comienza a *cruzar la mano izquierda* mientras está tocando la derecha.

Salto y me deslizo

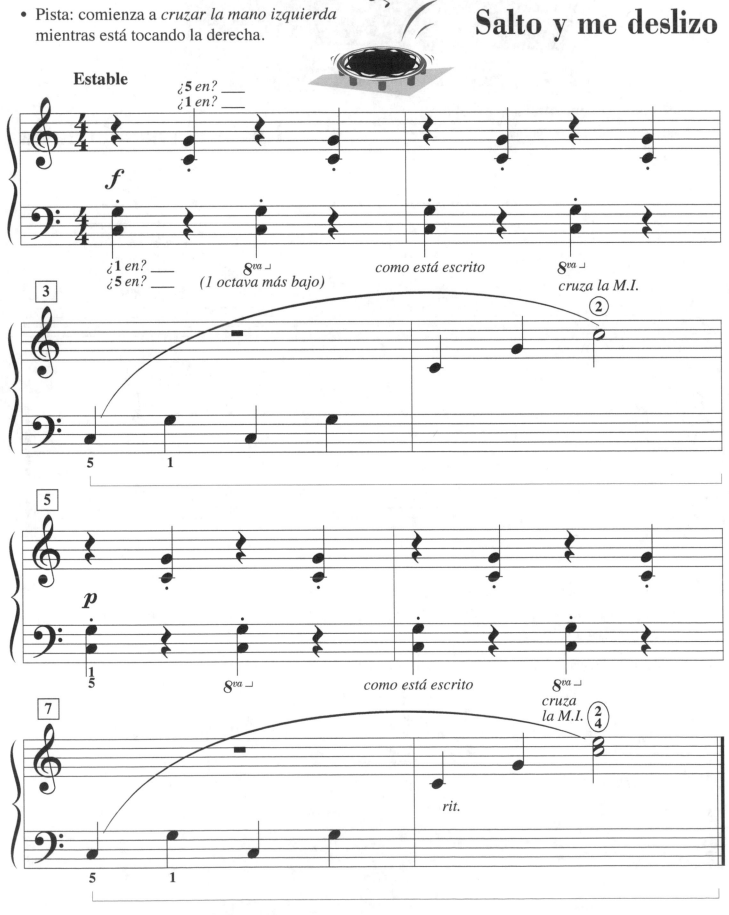

📖 Lecciones y teoría, página 64 (Marcha de dos notas)

Esta pieza combina muchas de las ideas musicales que has aprendido hasta ahora:

1. un ritmo estable
2. *legato* y *staccato*
3. matices
4. escuchar con atención

• ¿Tienes en cuenta todas estas ideas en tu interpretación?

Viaje en camello

N. Faber

Secreto técnico:
La posición redonda de la mano (página 4)

Calentamiento: *La curvatura de la mano.*

Ejercicio de calentamiento con el acorde de DO

- Para los acordes *forte*, apóyate hasta el fondo de las teclas con una muñeca relajada.

- Para los acordes *piano*, toca suavemente y cerca de las teclas.

Estudio con el acorde de DO

Estable

Acompañamiento para el profesor (el alumno toca *1 octava más alto*):

Este estudio te ayuda a practicar un final *expresivo*.

Para el último sistema de esta pieza:

- Practica tocando cada vez más l-e-n-t-o y más suave.
- Eleva la muñeca en la última nota.
- Levanta el pedal y pon ambas manos sobre las piernas.

Presiona el pedal derecho (de resonancia) durante toda la pieza.

El carrusel

N. Faber

- ¿Tocaste un final expresivo?

Lecciones y teoría, **página 69** (Vamos a remar)

39

Sonatina en miniatura

Primer movimiento

Joseph Küffner
(1776-1856, Alemania)
adaptación

Acompañamiento para el profesor (el alumno toca 1 octava más alto):

Lecciones y teoría, página 72 (Los elefantes)

Una *sonatina* es una pieza para piano u otro instrumento que normalmente tiene dos o tres *movimientos* (o partes). Escucha cómo cada movimiento tiene su propio carácter. El intérprete debe hacer pausas entre los movimientos. El público debe esperar para aplaudir hasta el final de la sonatina.

Segundo movimiento

El profesor presiona el pedal durante el dueto.

DESCUBRIMIENTO

¿Cuántos tiempos dura el **silencio de redonda** del compás 3? _____

Acompañamiento para el profesor (el alumno toca *1 octava más alto*):

41

Haz *El picoteo del pájaro carpintero* con el siguiente ritmo:

Los acordes de *Estrellita*

Escala de DO de 5 dedos

Alegre

5 · Repite el primer sistema
para terminar la pieza.

Acompañamiento para el profesor:

8ᵛᵃ más alto siempre

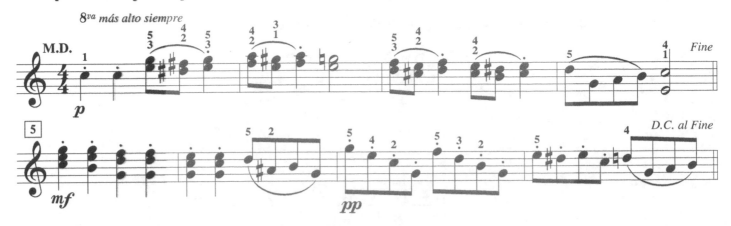

Melodía: la canción

Armonía: las notas o acordes que se tocan con la melodía.

Este estudio te ayuda a practicar cómo tocar la armonía más suave que la melodía.

El príncipe sapo

Alegre

¿**3** en? *Apóyate en la tecla para obtener un sonido profundo.*

¿**1** en? ___ *¡Quédate cerca de las teclas!*
¿**5** en? ___

- ¿Cuál de las manos toca la melodía?

¡Quédate cerca de las teclas!

Apóyate en la tecla para obtener un sonido profundo.

rit.

Este es un estudio de negras para la M.I. con un pulso estable.

- Recuerda tocar con **las puntas de los dedos firmes**.
- Toca en el registro grave.

Estudio con bajo caminante

Louis Köhler
(1820-1886, Alemania)
Op. 300

Fuerte y estable

8ᵛᵃ o 15ᵐᵃ (2 octavas) MÁS BAJO siempre

cada vez más fuerte

Acompañamiento para el profesor para las páginas 44-45 (el alumno toca *1 o 2 octavas más bajo*):

Lecciones y teoría, páginas *76-77* (Una melodía de Beethoven)

- Ahora toca los acordes de **I** y **V⁷** con este estudio para la M.I. ¿Sigues tocando con las puntas de los dedos firmes?

Bajo caminante con acordes

Fuerte y estable

8ᵛᵃ o 15ᵐᵃ (2 octavas) MÁS BAJO siempre

Yo siento el ritmo

Moderado

Es - toy con - ten - to por - que yo sien - to
Quie - ro to - car - lo, y dis - fru - tar - lo,

que ten - go el rit - mo en mi co - ra - zón.
yo sien - to el rit - mo en mi co - ra - zón.

Acompañamiento para el profesor (el alumno toca *1 octava más alto*):

17

Ca - da   vez   que   to - co es - ta   can - ción

21

en   mi   pia - no   sien - to   e - mo - ción.

4

25

Cuan - do   me   mue - vo   y el   pul - so   lle - vo,

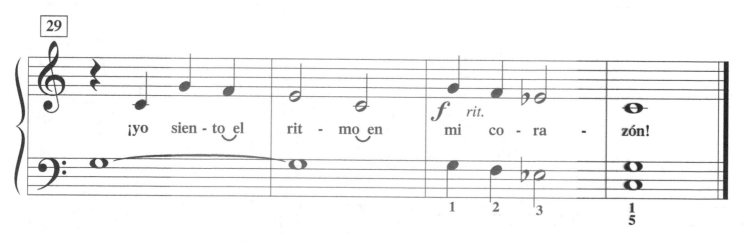

29

¡yo   sien - to   el   rit - mo   en   mi   co - ra - zón!

f *rit.*

1   2   3   1
                5

DESCUBRIMIENTO

Identifica cada acorde de **V⁷** en esta pieza.

10
UNIDAD

Este ejercicio usa cuatro diferentes **escalas de SOL de 5 dedos**.

• Antes de tocar, encuentra y encierra en un círculo el *ritard*.

Secreto técnico:
La independencia de los dedos (página 5)

Toca silenciosamente el siguiente patrón, primero con una sola mano y luego con ambas.

5 - 4 - 3 - 4 - 5 <u>sostener</u>

Ejercicio de calentamiento para el concierto

Moderado

(prepara la M.D.)

f

¿5 en?   1   2   3   2   1   3   2   1

5   ¿1 en?   5   4   3   4   5

mf

5

(prepara la M.I.)

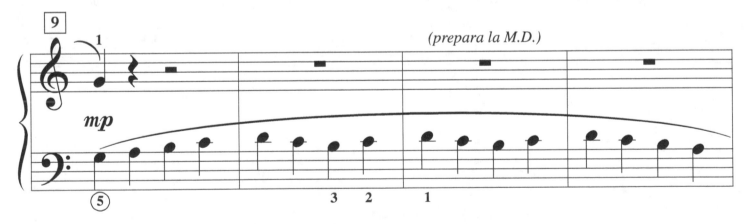

9   1

(prepara la M.D.)

mp

⑤   3   2   1

13   ①

8va -

p

rit.

5

Regla de la anacrusa: toca un *tiempo débil* ligero y usa un sonido más profundo en el *tiempo fuerte*.

Este estudio es una pieza en *staccato* con **acentos**.

• ¡Toca con un pulso estable, haciendo los acentos rítmicos!
No te olvides del *ritard*. al final de la pieza.

Estudio tictac

Escala de SOL de 5 dedos

Felizmente

Lecciones y teoría, página 84 (El puente de Aviñón)

49

• ¿Puedes cantar esta canción con tu profesor antes de tocarla?

Estaba la pájara pinta
Escala de _____ de 5 dedos

Tradicional

Alegre

¿1 en? ___

Es - ta - ba la   pá - ja - ra   pin - ta,   sen - ta -

di - ta en un   ver - de li - món. _____   Con el

pi - co cor - ta - ba la   ra - ma,   con la

Acompañamiento para el profesor (el alumno toca *1 octava más alto*):

M.D.

M.I.   *mp*   con pedal

📖 Lecciones y teoría, página 85 (La canción de cuna del elefantito)

ra - ma cor - ta - ba la flor.

¡Ay, ay, ay!

¿Cuán - do ven - drá mi a - mor?

El tranvía

Escala de _____ de 5 dedos

Apurado

¿5 en? ___
¿1 en? ___

p

cada vez más fuerte

¿5 en? ___ 2 1

5

f El tran - ví - a pa - sa

9

mf por   a - quí,   com - pro un pa - se

4

Lecciones y teoría, páginas 86-87 (El globo de chicle)

13 pa - ra mí, re - co - rrien - do

17 la ciu - dad, voy pa - sean - do en

21 mi tran - ví - a, ¡qué fe - li - ci - dad!

25

cada vez más suave
rit.

p

DESCUBRIMIENTO

¿Puedes tocar esta pieza en la **escala de DO de 5 dedos**?

Nota para el profesor: las escalas de RE y LA de 5 dedos se introducirán con notación musical en el Nivel 3. Sin embargo, es conveniente que los estudiantes aprendan estas escalas en el teclado, sin pentagramas, en el Nivel 2.

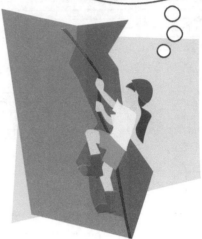

¡Puedo comerme una galleta cuando llegue a la cima!

Para aventureros

Explora todas o algunas de estas escalas con tu profesor.

- Usa para cada escala los **"ejercicios de calentamiento aventureros"** de la página 55.

- Transpón canciones del libro a estas tonalidades aventureras.

Piensa: **"galleta de vainilla con chocolate en la mitad".**

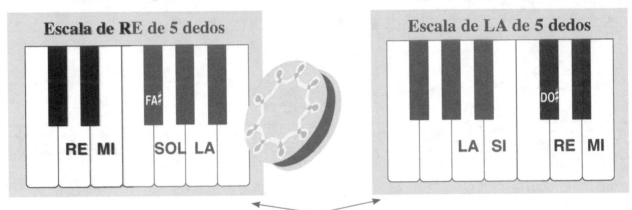

Escala de RE de 5 dedos

FA♯

RE MI SOL LA

Escala de LA de 5 dedos

DO♯

LA SI RE MI

¿Por qué son "gemelas" estas escalas?

¡Mmm! doble chocolate

Escala de MI de 5 dedos

FA♯ SOL♯

MI LA SI

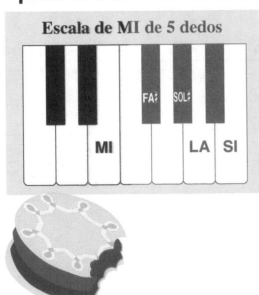

¿Quién movió el chocolate?

Escala de FA de 5 dedos

SI♭

FA SOL LA DO

Ejercicios de calentamiento aventureros

En la escala de DO

En la escala de SOL

En otras escalas

Toca el "ejercicio de calentamiento aventurero" con las escalas que has aprendido:

 DO   RE   MI   FA   SOL   LA

Diploma de dedos fabulosos

Felicitaciones a:

_____

(Escribe tu nombre)

Has terminado el NIVEL 2 DE TÉCNICA E INTERPRETACIÓN

y estás listo para el NIVEL 3

**LECCIONES
Y TEORÍA**

**TÉCNICA
E INTERPRETACIÓN**

Profesor:_____

Fecha:_____